BEI GRIN MACHT SICH
WISSEN BEZAHLT

Bibliografische Information der Deutschen Nationalbibliothek:

Die Deutsche Bibliothek verzeichnet diese Publikation in der Deutschen National-
bibliografie; detaillierte bibliografische Daten sind im Internet über http://dnb.d-
nb.de/ abrufbar.

Impressum:

Copyright © 2016 GRIN Verlag, Open Publishing GmbH
Druck und Bindung: Books on Demand GmbH, Norderstedt Germany
ISBN: 9783668482470

Anonym

Bilddatenformat JPEG. Methode der Bildkompression, geschichtlicher Hintergrund und Anwendungsgebiete

GRIN Verlag

GRIN - Your knowledge has value

Der GRIN Verlag publiziert seit 1998 wissenschaftliche Arbeiten von Studenten, Hochschullehrern und anderen Akademikern als eBook und gedrucktes Buch. Die Verlagswebsite www.grin.com ist die ideale Plattform zur Veröffentlichung von Hausarbeiten, Abschlussarbeiten, wissenschaftlichen Aufsätzen, Dissertationen und Fachbüchern.

Besuchen Sie uns im Internet:

http://www.grin.com/

http://www.facebook.com/grincom

http://www.twitter.com/grin_com

BILDDATENFORMAT JPEG

Methode der Bildkompression

Kurzfassung

In der hier vorliegenden wissenschaftlichen Arbeit wird das Bilddatenformat JPEG thematisiert. Das Augenmerk liegt hierbei auf dem speziellen Komprimierungsverfahren. Dieses wird Schritt für Schritt erklärt und verdeutlicht. Zudem werden allgemeine Informationen zum Thema JPEG behandelt wie zum Beispiel der geschichtliche Hintergrund, Vor- und Nachteile von JPEG oder auch Anwendungsgebiete von JPEG.

Inhaltsverzeichnis

1. Einführung

1.1 Erklärung des Themengebietes

Eines der am weit verbreitetsten Bildformate ist das sogenannte JPEG-Format. Beispielsweise verwenden die meisten Amateurkameras zum Abspeichern der Bilder speichereffiziente JPEG-Dateien. Der geringere Speicherbedarf wird möglich durch die sogenannte „JPG-Qualität" bzw. der „JPG-Kompression", in welcher Bereiche gleicher Farbwerte zu einem Block zusammengefasst werden. Hierfür finden eine Reihe aufeinanderfolgender Kompressionsschritte statt, um das gewünschte Ergebnis zu erzielen.
(vgl. Q. 2: henner.info, 23.04.2015)

1.2 Erläuterung der Problemstellung

Das JPEG-Verfahren ist ein verlustbehaftetes Verfahren, das heißt, dass Bildinformationen während der Kompression verloren gehen, was schlussendlich zu einer geringeren Qualität des Bildes führt. Hieraus ergibt sich das Problem, dass das Bild den gewünschten Anforderungen an Speicherbedarf und gleichzeitig einer ausreichenden Qualität entspricht.

1.3 Ausblick auf die gesamte Arbeit

In dieser wissenschaftlichen Arbeit wird ausschließlich das Datenformat JPEG thematisiert. Hierbei liegt das Augenmerk auf dem Verfahren der Bildkompression (sequentiell mod). Des Weiteren werden häufig gestellte Fragen über das Thema im Allgemeinen geklärt (siehe Inhaltsverzeichnis).

2. Allgemeines zu JPEG

2.1 Definition JPEG

Die Abkürzung JPEG bzw. JPG leitet sich aus dem Namen „Joint Photographic Experts Group" ab. Dies ist eine Gruppe Firmen und Forschungsinstitute, welche sich Anfang der 90er Jahre zusammenschlossen und diesen Standard für das Speichern digitaler Bildmedien festlegte. Hierbei steht das speichereffiziente Speichern von Bildern im Vordergrund, welche aufgrund von Komprimierungsprozessen erzielt werden. Die Komprimierung selbst besteht aus mathematischen Algorithmen, welche sowohl zum Abspeichern, als auch zum Öffnen der Datei benötigt werden.
(vgl. Q. 3: digitalfotografie.de, 23.04.2015)

2.2 Verwendung von JPEG

Das JPEG-Dateiformat wird für das speichereffiziente Abspeichern von digitalen Bilddateien verwendet. Zu beachten jedoch ist, dass JPEG durch die verwendete Komprimierung ein verlustbehaftetes Speicherformat ist d.h., dass Bildinformationen durch Zusammenfassen gleicher Farbblöcke verloren gehen. Bei einer guten JPEG-Qualität ist aber die Komprimierung kaum für das menschliche Auge sichtbar.

Zur Veranschaulichung hier ein Beispiel:

Würde man ein RGB-Bild ohne Komprimierung abspeichern, so würde jeder Punkt des Farbbildes drei Byte an Speicher für die Farben Rot, Grün und Blau benötigen. Ein Bild von zehn Megapixeln würde hierfür demnach rund 30 Megabyte an Speicher belegen. Hierbei spricht man vom Speicherformat „Bitmap" (Hochauflösendes Bildformat). Verwendet man jedoch für das Abspeichern eines solchen RGB-Bildes die JPEG-Komprimierung, so benötigt diese lediglich einen Bruchteil an Speicherplatz (Der benötigte Speicherplatz ist abhängig von der Stärke der Komprimierung und der gewünschten JPEG-Qualität).
(vgl. Q. 4: praxistipps.chip.de, 26.04.2015)

2.3 Unterschiede zwischen JPEG und JPG

Einen Unterschied zwischen JPEG und JPG gibt es nicht, es sind lediglich Dateiendungen, welche einen abgeänderten Namen besitzen.
Grund für diese zwei verschiedenen Dateiendungen liegt bei den älteren Windows-Systemen. Oftmals führte die Dateiendung JPEG beim Öffnen von Bilddateien in Windows DOS zu Problemen, da das System auf eine Endung von lediglich drei Buchstaben ausgelegt ist. In anderen Systemen wie Mac OS oder Linux, kommt es zu diesen Problemen nicht. Diese benutzen schon immer die Dateiendung JPEG. Auch heute noch wird unter Windows die Abkürzung JPG verwendet.
(vgl. Q. 5: PDF jpeg.pdf, 21.05.2002)

3. Kurzer geschichtlicher Hintergrund

3.1 Motivationen zur Entwicklung von JPEG

In den 70er Jahren wurde der Wunsch nach einem Dateiformat, welches unter anderen Systemen wie Windows und Mac austauschbar ist, immer größer. Außer der Komprimierung der abzuspeichernden Daten ohne sichtbaren Verlust sollte die Bilddatei in der Lage sein, viele Farb- sowie Graustufen darzustellen. Vor allem Röntgenärzte und Fotoprofis plädierten für die Erfindung solch eines Bilddatenformats. Für dieses Problem versuchte die *„Joint Photographic Experts Group"* eine Lösung zu finden und erstellte schließlich ein Kompressionsverfahren, welches den Anforderungen entspricht. Im Jahre 1992 wurde das JPEG-Verfahren zum weltweiten Standard in der Kompression von Farb- und Graustufenbilder festgelegt. Bis heute ist JPEG einer der wichtigsten und am weitesten verbreitetsten Bilddatenformate der Welt. *(vgl. Q. 5: PDF jpeg.pdf, 21.05.2002)*

3.2 Zusammenfassung der Anforderungen an das Bilddatenformat

Das „neue" Bilddatenformat soll die Speicherung von Bildern grundlegend verändern. Demnach muss sich das JPEG Format für möglichst viele unterschiedliche Einsatzbereiche eignen. Wichtig hierbei ist, dass das Endergebnis den Anforderungen an benötigtem Speicher und gewünschter Qualität entspricht. Realisiert wurde dies zum einen durch einen Algorithmus, welcher effizient genug war, Bilder zu erzeugen. Dieser braucht nur einen Bruchteil des zuvor benötigten Speichers. Die Verluste, welche durch die Kompression entstehen, sollen gleichzeitig für das menschliche Auge kaum sichtbar sein. Eine weitere Anforderung an das JPEG-Format war, dass die sogenannte *JPEG-Qualität* (=„Stärke" der Komprimierung) manuell einstellbar ist und so variabel genug ist, um je nach Einsatzgebiet zu entscheiden, ob die Speichereffizienz oder die Qualität des Bildes im Vordergrund steht.

Außerdem sollte der mathematische Algorithmus so einfach wie möglich gestaltet sein, um zu gewährleisten, dass dieser auf allen Computern ohne Probleme arbeiten kann. *(vgl. Q. 5: PDF jpeg.pdf, 21.05.2002)*

4. Kompressionsverfahren

4.1 Datenkompression im Allgemeinen

Im Bereich der Datenkompression wird prinzipiell zwischen zwei verschiedenen Kompressionsmethoden unterschieden:

- Der verlustfreien Kompression
- Der verlustbehafteten Kompression

Während der *verlustfreien Kompression*, oder auch *lossless compression* genannt, findet keine Reduktion von Bildinformationen statt. Jedes Bildelement bleibt somit erhalten und garantiert eine hochauflösende Bilddatei. Beispiele hierfür sind Dateien des Typs *„Bitmap"* oder *„TIFF"*. Diese Bilddateien finden vor allem in Anwendungsbereichen Verwendung, in welchen jede noch so kleine Bildinformation wichtig ist, um das optimale Ergebnis der Arbeit zu erzielen, wie zum Beispiel im Arbeitsbereich der Satellitenbildauswertung. In dieser Art von Bilddateien steht die Qualität im Vordergrund, demnach ist der Speicheraufwand dieser hochauflösenden Bilder enorm.

Abb. 1: Verlustfrei

Da es jedoch auch Anwendungsbereiche gibt, in denen die Speichereffizienz wichtiger ist als eine hohe Qualität des Bildes, muss ein Verfahren stattfinden, welches einen Kompromiss zwischen guter Qualität und speichereffizienten Bildern herstellt. Hierbei wird die sogenannte *verlustbehaftete Kompression*, oder auch *lossy compression*, angewandt. Dabei werden Bildinformationen vernachlässigt und eine 1:1 Wiederherstellung des Bildes ist nicht möglich. Durch diese Methode können bei einer starken Kompression Fehler im Bild auftreten, welche Artefakte genannt werden. Optimal (ausreichende Qualität und ausreichende Speichereffizienz) komprimierte, verlustbehaftete Bilder, werden vom menschlichen Auge nicht als ein Bild von schlechter Qualität

Abb. 2:
Verlustbehaftete Kompression

wahrgenommen. Artefakte sind meist kaum oder nur sehr schwer erkennbar. Vor allem im Internet werden Bilddaten, welche mit einem verlustbehafteten Kompressionsverfahren komprimiert wurden, verwendet, da Netzwerke häufig keine hohe Übertragungsgeschwindigkeit und so Bilddateien hoher Qualität zu einem langandauernden Ladevorgang führen würden. Auch auf Vertriebswebseiten wie Amazon ist es wichtig, die Qualität der Bilder auf der Website niedrig zu halten, da im Zeitalter der Smartphones der Datenverbrauch der Nutzer niedrig gehalten werden muss, da diese sonst unter Umständen das Bild nicht anschauen können.
(vgl. Q. 6: mathematik.de, 28.04.2015)

4.2 Verschiedene Kompressionsmodi bei JPEG

Für die optimale JPEG-Kompression konnte kein Algorithmus gefunden werden, da die Kriterien für eine optimale Kompression innerhalb der verschiedenen Verwendungsgebieten variieren. Deshalb wird die JPEG-Kompression in vier verschiedene „Modi" gegliedert.

- Progressive mode
- Hirarchical mode
- Lossless mode
- Sequentiell mode

Im *progressive mode* wird das Bild in mehreren Durchgängen codiert und decodiert. Je mehr Durchgänge erfolgen desto schärfer wird das digitale Bild. Der User kann den Vorgang stoppen sobald die Qualität des Bildes seinen Anforderungen genügt.

Der *hirarchical mode* speichert die Bilddatei zum einen in voller Qualität, zum anderen aber auch als Bild mit geringer Auflösung. Der Vorteil hierbei ist, dass das Bild mit geringer Auflösung wesentlich schneller decodiert werden kann und somit als eine Art Vorschau auf das hochauflösende Bild fungiert. Bei Interesse kann man nun das hochauflösende Bild öffnen.

Im *lossless mode* wird eine Komprimierung durchgeführt, bei der keine Bildinformationen verloren gehen. Der große Nachteil dieser Art von Komprimierung ist, dass die Kompressionsrate aufgrund der detaillierten Bildinformationen sehr gering ist. Dies wirkt sich wiederum auf den benötigten Speicher aus.

Beim *sequentiell mode* wird das komplette Bild in Form eines „Zick-Zack-Musters" von links oben nach rechts unten decodiert. Dieses Verfahren ist in der Praxis leicht anzuwenden und erzielt eine hohe Kompressionsrate.

Dieser Modus wird in der Praxis am meisten verwendet, da die anderen Modi meist viel zu spezifisch sind. Im weiteren Verlauf der wissenschaftlichen Arbeit wird ausschließlich auf diese Art von Kompression eingegangen.

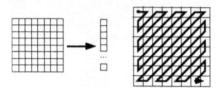

Abb. 3: sequentiell mode

4.3 Schritte der JPEG-Kompression

4.3.1 Umwandlung von RGB in YUV

Die Ausgangsbilddatei liegt immer im RGB-Farbmodell vor. In diesem Farbmodell sind die Farbwerte in den Werten von 1 bis 255 gespeichert. Um sich die Beschaffenheit des menschlichen Auges zu Nutze zu machen, welches Kontrastunterschiede besser wahrnehmen kann als Farbunterschiede, wird das RGB-Farbbild in ein YUV-Farbbild umgeschrieben. In diesem Farbmodell wird die Farbdarstellung der einzelnen Pixel folgendermaßen zerlegt:

- Helligkeit → Y
- Differenz zwischen der Farbe Blau und der Helligkeit → U=B-Y
- Differenz zwischen der Farbe Rot und der Helligkeit → V=R-Y

Abb. 4: YUV-Farbmodell

Die Helligkeit wird in der Fachsprache als *Luminanz* bezeichnet (lat. luma = Lichtstärke pro Fläche), die Differenzen zwischen den Farben Blau und Rot zur Helligkeit werden als *Chrominanz* (lat. chroma = Farbanteil) bezeichnet. Berechnet werden die einzelnen Variablen nach folgenden Formeln:

- $Y = 0,299 * Rot + 0,587 * Grün + 0,144 + Blau$
- $U = Blau - Y$
- $V = Rot - Y$

Häufig kommt es zur Frage, weshalb die Farbe Grün nicht in das YUV-Farbmodell miteinbezogen wird. Der Grund hierfür liegt darin, dass Grün aus den drei oben genannten Werten (YUV) vom Endgerät errechnet werden kann.
(vgl. Q. 8: comptech-info.de, Q. 9: wikipedia.org, 29.04.2015)

4.3.2 Subsampling/Unterabtastung

Im Anschluss auf die Umwandlung von RGB in YUV muss ein *Subsambling* (auch *Unterabtastung* genannt) durchgeführt werden. Während diesem Schritt werden die Farbwerte (U und V) in einer geringeren Auflösung gespeichert als die Helligkeit (Y). Zu beachten ist, je grober die Auflösung der Farbwerte ist, desto schlechter wird im Endeffekt die Qualität des Bildes. Dies bildet die Grundlage dafür, dass später, aufgrund der Farbreduzierung und gleichzeitiger Beibehaltung der Helligkeitsdifferenzen, das menschliche Auge in einer guten Kompression keine bzw. nur schwer Artefakte erkennen kann.
(vgl. Q. 6: mathematik.de, Q. 1: Bilddatenkompression – Tilo Strutz, 29.04.2015, 28.07.2009)

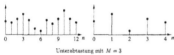

Unterabtastung mit $M = 3$

Abb. 5: Subsampling/Unterabtastung

4.3.3 Indexverschiebung des Farbspektrums

Als nächstes wird die sogenannte Indexverschiebung durchgeführt. In dieser werden die Blöcke des Farbspektrums verschoben. Normalerweise erstreckt sich das Farbspektrum von 0-255. Da im nächsten Schritt jedoch die *Diskrete Kosinus Transformation* (DCT) angewandt wird, können daraus Werte unter 0 resultieren. Hierfür muss deshalb die Werte des Farbspektrums auf -128-127 verschoben werden. Der Grund dafür, dass Werte unter 0 entstehen können, ist der symmetrische Verlauf der Kosinus-Kurve um die X-Achse.
(vgl. Q. 10: ronnz.de, 30.05.2015)

4.3.4 Zweidimensionale Diskrete Kosinus Transformation (DCT)

Aufgrund des instationären (=Parameter kann im Zeitablauf kein konstanter Wert zugewiesen werden) Charakters von Bilddaten wird die sogenannte *Diskrete Kosinus Transformation (DCT)* durchgeführt. Diese kann jedoch nicht für das gesamte Bild berechnet werden, sondern muss in Bildblöcke der Größe 8x8 zerlegt werden, da die spektralen Anteile eines Bildes von Ausschnitt zu Ausschnitt variieren. Die 8x8 Bildblöcke werden jetzt einzeln durch die DCT transformiert. Dabei werden 64 Pixelwerte innerhalb eines Bildblocks in 64 Frequenzbereiche umgesetzt. Dadurch entsteht ein zweidimensionaler Frequenzbereich S (horizontaler und vertikaler Frequenzbereich). Der Frequenzwert an der Stelle S_{00} wird als DC-Koeffizient bezeichnet und entspricht dem Frequenzanteil 0. Durch ihn wird auch der Grundfarbton für die gesamte Dateneinheit bestimmt. Die weiteren Frequenzwerte werden AC-Koeffizienten genannt. Ziel der *Diskreten Kosinus Transformation* ist es, herauszufinden, wie stark sich die Helligkeits- bzw. Farbwerte von Bildblock zu Bildblock verändern. Diese Schwankung wird mithilfe verschiedener Kosinus-Funktionen ausgedrückt, bei welchen sich je nach Farb- und Helligkeitswert die Amplituden unterscheiden. Die Frequenz gibt hierbei an, wie oft sich der Verlauf der periodischen Kosinus-Funktion pro Ortseinheit wiederholt. Diese werden im weiteren Arbeitsprozess zur Kodierung des digitalen Bildes verwendet.
(vgl. Q. 1: Tilo Strutz - Bilddatenkompression, Q.7: mathematik.de, Q. 11: jendryschik.de, 28.07.2009, 30.05.2015, 30.05.2015)

$$X[k] = C_0 * \sqrt{\frac{2}{N}} * \sum_{n=0}^{N-1} x[n] * \cos\left[(2*n+1)*\frac{k*\pi}{2*N}\right]$$

$$X[n] = \sqrt{\frac{2}{N}} * \sum_{n=0}^{N-1} C_0 * X[k] * \cos\left[(2*n+1)*\frac{k*\pi}{2*N}\right]$$

Abb. 6: Hintransformation DCT

Abb. 7: Rücktransformation DCT

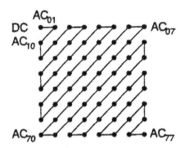

Abb. 8: 8x8-Block

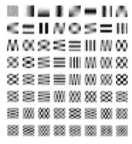

Abb. 9: Basisbild einer 8x8 DCT

4.3.5 Quantisierung

In natürlichen Bildern kommt es auf einer Bildgröße von 8x8 zu keinen großen Helligkeits- und Farbunterschieden. Während des Arbeitsvorgangs werden die DCT-Koeffizienten durch einen Quantisierungsfaktor geteilt. Dieser Quantisierungsfaktor beeinflusst aktiv die am Ende resultierende JPEG-Qualität des Bildes, denn je höher dieser Faktor ist, desto mehr Artefakte treten in der Zieldatei auf. Dadurch, dass beim Dividieren Gleitkommazahlen des Datentyps Double entstehen können, muss nun das Ergebnis auf den nächsten Integer-Wert gerundet werden. Ziel der Quantisierung ist, eine Reduzierung der Wertemenge der AC-Koeffizienten zu erreichen. Oftmals werden einige AC-Konstanten (je nach Höhe des Quantisierungsfaktors) zu 0 quantisiert. Um eine möglichst hohe Speichereffizienz im komprimierten Bild zu erreichen wird hierbei wieder die Beschaffenheit des menschlichen Auges genutzt. Gerade in Bereichen, in denen die Frequenz sehr hoch ist, können höhere Quantisierungsfaktoren angewandt werden, da das Auge hochfrequente Schwingungen nur sehr begrenzt wahrnehmen kann und dadurch im Endeffekt die möglichen Artefakte kaum oder nur schwer erkennbar sind.
(vgl. Q. 1: Tilo Strutz - Bilddatenkompression, Q. 12:mathematik.de, Q. 16: student-online.net, 28.07.2009, 30.05.2015, 01.05.2015)

4.3.6 Umsortierung

Bevor man mit der Codierung beginnt, werden gleiche Blöcke (vor allem die Blöcke mit den Werten 0) zusammengefasst. Dadurch, dass sich die 0 in Richtung steigender Frequenz (rechts Unten) häufen, verwendet man ein Ablesekurs, welcher im Zick-Zack-Muster angeordnet ist. Die abgelesenen Werte werden sequentiell aufgeschrieben, sodass die häufg auftretenden Nullen am Ende gruppiert sind.
(vgl. Q. 1: Tilo Strutz – Bilddatenkompression, Q. 12: mathematik.de, 28.07.2009, 30.05.2015)

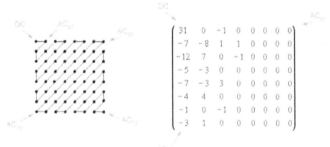

$$\begin{pmatrix} 31 & 0 & -1 & 0 & 0 & 0 & 0 & 0 \\ -7 & -8 & 1 & 1 & 0 & 0 & 0 & 0 \\ -12 & 7 & 0 & -1 & 0 & 0 & 0 & 0 \\ -5 & -3 & 0 & 0 & 0 & 0 & 0 & 0 \\ -7 & -3 & 3 & 0 & 0 & 0 & 0 & 0 \\ -4 & 4 & 0 & 0 & 0 & 0 & 0 & 0 \\ -1 & 0 & -1 & 0 & 0 & 0 & 0 & 0 \\ -3 & 1 & 0 & 0 & 0 & 0 & 0 & 0 \end{pmatrix}$$

Abb. 10: Ablesekurs

4.3.7 Huffman-Codierung: Stochastische Auswertung

Während der *Huffman-Codierung*, werden binäre Codewörter verteilt, die sich in der Länge unterscheiden. Um den Speicheraufwand der Codewörter möglichst gering zu halten, bekommen Werte, die häufiger vorkommen (quantisierten 0), kleinere binäre Codewörter als Werte, welche beispielsweise nur einmal vorkommen (DC-Konstante). Der Algorithmus der Huffman-Codierung ist ein sehr einfach gehaltener Algorithmus. Es wird lediglich - sortiert nach der Häufigkeit - ein binärer Baum erstellt, bei dem die Werte kleinster Häufigkeit zusammengefasst werden. Dieser Wert bildet dann den Knoten. Dieser Knoten wird im Anschluss mit dem nächst kleineren Knoten (oder auch Wert) zusammengefasst. Daraus resultiert logischerweise ein weiterer Knoten. Dieses Verfahren wird bis zum Erhalt der Wurzel durchgeführt. Um nun den binären Code der einzelnen Werte ablesen zu können, bekommt jeder Pfad, der nach rechts vom Knoten bzw. der Wurzel abgeht, den binären Wert 0 und jeder Pfad, der nach links vom Knoten bzw. der Wurzel abgeht den binären Wert 1.

Im Folgenden soll an Hand eines Beispiels die Huffman-Codierung grafisch erläutert werden. Hierbei wird zum Verständnis ein Satz codiert. Im Baumdiagramm sind Pfade welche den binären Code 0 erhalten, gelb gefärbt und Pfade, die den Wert 1 erhalten, blau gefärbt. *(vgl. Q. 14: ziegenbalg.ph-karlsruhe.de, 01.05.2015)*

<u>*Zu codierender Satz:*</u>
Milch macht munter

<u>*Häufigkeit und Codierung der Buchstaben (T. 1)*</u>

Buchstabe	Häufigkeit	Code
m	3	001
c	2	0000
h	2	111
t	2	110
Leerzeichen	2	100
i	1	0111
l	1	0110
a	1	0101
u	1	0100
n	1	1011
e	1	1010
r	1	0001

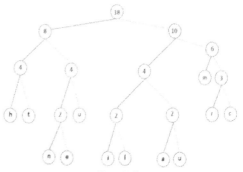

Abb. 11: Binärbaum - Huffman Codierung

→ *Binärcode:*
001011101100000111100001010100001111101000010100101111010100001

5. Vorteile und Nachteile von JPEG

Gegenüberstellung der Vor- und Nachteile von JPEG (T. 2)

Vorteile	Nachteile
• Weitverbreiteter Bildkompressionsstandard	• Qualitätsverlust durch das Komprimierungsverfahren
• Einfache und effiziente Komprimierung der Bilder	• Entstehung von Artefakte durch das Komprimierungsverfahren
• Bilder mit guter JPEG-Qualität weisen für das menschliche Auge keine bzw. nur kaum sichtbare Artefakte auf	• Für anspruchsvolle Daten (Satellitenbilder) ist JPEG nicht geeignet
• Jedes Fotoprogramm (auch Open-Source-Software) kann JPEG-Dateien öffnen	
• Bildnachbereitung ist auf fast allen Verbrauchergeräten möglich (auch mobile Geräte)	

6. Anwendungsgebiete

6.1 Anwendungsgebiete im Bereich der Bilddarstellung

Das JPEG-Format findet in den meisten Anwendungsbereichen Verwendung, in denen digitale Farbbilder vorkommen. Jede gebräuchliche Amateurkamera speichert die aufgenommenen Fotos als JPEG-Datei ab. Grund hierfür sind die vielen Vorteile, die JPEG bietet. Eine JPEG-Datei kann von einem Fotografen problemlos mittels eines E-Mail-Anhangs versendet werden, da zum einen die Dateigröße des digitalen Bildes so komprimiert ist, dass sie an eine E-Mail angehängt werden kann. Des Weiteren kann der Empfänger über einen herkömmlichen Rechner die Datei mit einem gewöhnlichen Fotoprogramm öffnen und nachbearbeiten.
Lediglich in Anwendungsbereichen, in welchen eine hochauflösende Qualität benötigt wird, kann JPEG nicht verwendet werden da durch die Komprimierung Informationen, die für die Analyse des Bildes von großer Bedeutung sein könnten, verloren gehen.
(vgl. Q. 5: PDF jpeg.pdf, 21.05.2002)

6.2 Anwendungsgebiete im Bereich der Videodarstellung – MPEG

Auch im Video-Bereich ist es wichtig, speichereffizient zu arbeiten, da gerade bei Videos der Speicher bei einer längeren Aufnahmezeit enorm hoch werden kann, sodass es oft nicht möglich ist, dieses Video auf eine DVD zu brennen.
Um für dieses Problem eine Lösung zu finden, forschte eine Arbeitsgruppe der IEC (International Electrotechnical Society) an einem Prozess zur Bildsequenzcodierung und Kompression von Audiodaten. Dieser entwickelte Algorithmus basiert auf dem Algorithmus der JPEG-Kompression.
Im MPEG-Kompressionsverfahren wird versucht, möglichst viele Bildteile nur durch die Differenz des Bildinhaltes zum vorherig kodierten Bild zu beschreiben. Während der Komprimierung wird auch bei MPEG die Diskrete Kosinus-Transformation durchgeführt, um so die verschiedenen Frequenzbereiche zu analysieren.
(vgl. Q. 16: PDF JPEGundMPEG.pdf, SS2006)

7. Fazit

JPEG wurde durch die „Einfachheit" und „Effizienz" zum Standard auf der ganzen Welt. Gerade im Internet ist JPEG ein nicht wegzudenkendes Bildformat. Auch in Zukunft wird JPEG weiterhin den Standard der digitalen Bildkomprimierung verkörpern. Die dadurch erreichte Speichereffizienz reicht meiner Meinung nach für den alltäglichen Bedarf vollkommen aus, d.h. dass eine Neuentwicklung eines noch effizienteren Algorithmus nicht lohnenswert wäre. In der Videokomprimierung, kommt es hingegen zu häufigeren Weiterentwicklungen des Kompressionsalgorithmus, da gerade in der heutigen Zeit die UltraHD-Filmauflösung (4K) aufstrebt. Um diese optimal zu komprimieren, benötigt es einen Algorithmus, welcher bei hohen Bildraten und Szenen mit vielen Bewegungen ein optimales Ergebnis liefert.
Der Grundalgorithmus wird jedoch in der näheren Zukunft derselbe bleiben.
(vgl. Q. 17: die-netzkamera.de, 02.05.2015)

8. Zusammenfassung

JPEG bildet heutzutage den Standard für digitale Bildkompression. Es kann auf fast allen Rechnern erstellt und geöffnet werden. Benutzt wird JPEG um digitale Bilddateien möglichst speichereffizient zu abzuspeichern. Da es sich bei JPEG um eine verlustbehaftete Kompressionsart handelt (während der Kompression gehen Bildinformationen verloren), muss darauf geachtet werden, dass die Qualität des Ergebnisbildes den Anforderungen des Users entspricht.

Die Kompression an sich läuft in mehreren Schritten ab. Zuerst wird das Bild in ein Farbmodell umgewandelt, in dem die Helligkeit miteinbezogen wird. Hierfür eignet sich das YUV-Farbmodell. Im Anschluss daran wird ein Subsampling, oder auch Unterabtastung genannt, durchgeführt. Hierbei werden die Farbwerte in einer geringeren Auflösung als die Helligkeitswerte abgespeichert, um so die Sehfunktion des menschlichen Auges auszunutzen. Danach muss eine Indexverschiebung folgen. Dabei werden die Farbwerte nicht von $0 - 255$ sondern von $-128 - 127$ skaliert und abgespeichert. Dies wird für den nächsten Schritt, der zweidimensionalen Diskreten Kosinus Transformation benötigt. In diesem Schritt werden die Farb- und Helligkeitswerte mittels einer Transformation in Frequenzbereiche gegliedert. Jeder Bildpunkt der Größe 8x8 muss dabei einzeln transformiert werden. Die Frequenzbereiche werden anhand variierender Kosinus-Kurven ausgedrückt. Im nächsten Arbeitsschritt, der Quantisierung, werden die DCT-Koeffizienten durch einen Quantisierungsfaktor dividiert, sodass aufgrund der wenigen Helligkeitsunterschiede von benachbarten Pixeln in natürlichen Bilder viele Koeffizienten den Wert 0 annehmen. Je stärker die JPEG Kompression sein soll, desto größer ist der Quantisierungsfaktor. Bevor die aus der Quantisierung entstandenen Werte codiert werden können, muss eine Umsortierung der Werte stattfinden. Hierbei werden die Werte sequentiell, nach ihrer Häufigkeit sortiert in einen 1x64 Vektor abgespeichert. Während der Huffman-Codierung wird anhand der Häufigkeit der Werte ein Binärbaum erstellt. Durch ihn werden Codes für die aus der Quantisierung entstandenen Werte gebildet. Der Sinn der Huffman-Codierung liegt darin, dass häufig vorkommende Werte einen kleineren Binärcode erhalten als Werte die nur selten vorkommen. Nach der Huffman-Codierung enthält man einen binären Code, in welchem die Farb- sowie Helligkeitswerte des digitalen Bildes verschlüsselt sind. Hierdurch kommt es zur Speichereffizienz.

9. Tabellenverzeichnis

10. Abbildungsverzeichnis

11. Quellenverzeichnis

11.1 Analoge Literaturen

- *Q. 1:*
  Strutz T. – „Bilddatenkompression: Grundlagen, Codierung, Wavelets, JPEG, MPEG" – (4. Auflage), Vieweg + Teubner Verlag, 28.07.2009

11.2 Digitale Literaturen

- *Q. 2:*
  http://www.henner.info/reduz.htm; Letzter Aufruf: 23.04.2015

- *Q. 3:*
  http://www.digitalfotografie.de/jpg-format/02-was-ist-jpg-jpeg/, Letzter Aufruf 23.04.2015

- *Q. 4:*
  http://praxistipps.chip.de/bildformate-jpg-und-jpeg-was-sind-die-unterschiede_12229; Letzter Aufruf: 26.04.2015

- *Q. 5:*
  PDF jpeg.pdf – Steffen Grunwald, Christiane Schmidt, Stephan Weck; BA-Mannheim; 21.05.2002
  http://www.roggeweck.net/uploads/media/jpeg.pdf; Letzter Zugriff: 26.04.2015

- *Q. 6:*
  https://www.mathematik.de/spudema/spudema_beitraege/beitraege/rooch/nkap04.html ; Letzter Aufruf: 28.04.2015)

- *Q. 7:*
  https://www.mathematik.de/spudema/spudema_beitraege/beitraege/rooch/nkap07.html ; Letzter Aufruf: 30.04.2015

- *Q. 8:*
  http://www.comptech-info.de/component/content/article?id=275:yuv-was-ist-das; Letzter Aufruf: 29.04.2015

- *Q. 9:*
  http://de.wikipedia.org/wiki/YUV-Farbmodell; Letzter Aufruf: 29.04.2015

- *Q. 10:*
  http://www.ronnz.de/bildkompression/kompression.html#6.4.4; Letzter Aufruf: 30.04.2015

- *Q. 11:*
  http://jendryschik.de/weblog/2002/06/03/diskrete-cosinus-transformation-dct/; Letzter Aufruf: 30.04.2015

- *Q. 12:*
  https://www.mathematik.de/spudema/spudema_beitraege/beitraege/rooch/kap08.html; Letzter Aufruf: 30.04.2015

- *Q. 13:*
  http://www.student-online.net/Publikationen/98/; Letzter Aufruf: 30.05.2015

- *Q. 14:*
  http://www.ziegenbalg.ph-karlsruhe.de/materialien-homepage-jzbg/cc-interaktiv/huffman/eigenschaften.htm; Letzter Aufruf: 01.05.2015

- *Q. 15:*

  http://www.poster-union.de/blog/2010/09/vor-und-nachteile-von-jpg-dateien/; Letzter Aufruf : 01.05.2015

- *Q. 16:*

  PDF JPEGundMPEG – Elena Tabuica, Seminar Computer Grafik 2006, SS 2006 http://www.informatik.uni-mainz.de/lehre/cg/SS2006_SCG/talks/ImageFileFormat/JPEGundMPEG.pdf; Letzter Zugriff: 01.05.2015

- *Q. 17:*

  http://www.die-netzkamera.de/kompressionsverfahren.html; Letzter Zugriff: 02.05.2015

www.ingramcontent.com/pod-product-compliance
Lightning Source LLC
LaVergne TN
LVHW042319060326
832902LV00010B/1595